AF194152

Impressum
Verlag: BABADADA GmbH, Nedderfeld 112 , 22529 Hamburg
Geschäftsführer / Verlagsleitung: Harald Hof
Druck: Books on Demand GmbH, In de Tarpen 42, 22848 Norderstedt

Imprint
Publisher: BABADADA GmbH, Nedderfeld 112 , 22529 Hamburg, Germany
Managing Director / Publishing direction: Harald Hof
Print: Books on Demand GmbH, In de Tarpen 42, 22848 Norderstedt, Germany

škola
school

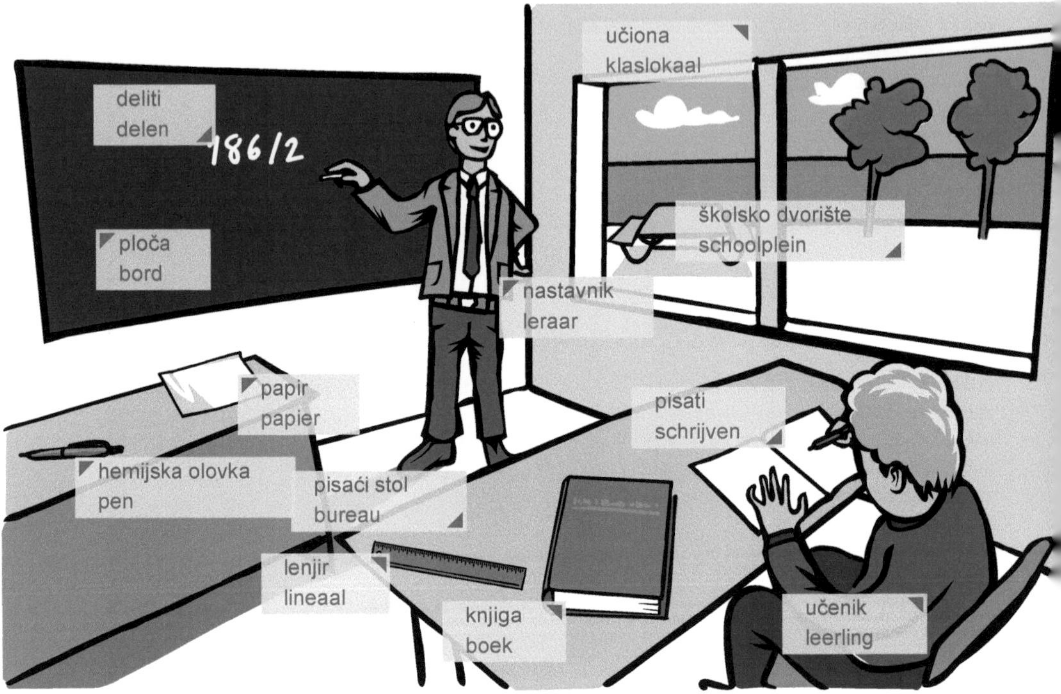

deliti
delen
186/2
ploča
bord
učiona
klaslokaal
školsko dvorište
schoolplein
nastavnik
leraar
papir
papier
pisati
schrijven
hemijska olovka
pen
pisaći stol
bureau
lenjir
lineaal
knjiga
boek
učenik
leerling

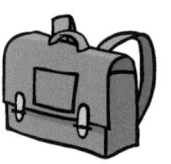

torba
schooltas

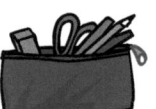

pernica
etui

grafitna olovka
potlood

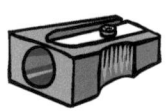

šiljilo za olovke
puntenslijper

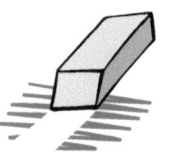

gumica za brisanje
gum

blok za crtanje
schetsblok

crtež
....
tekening

kist
....
penseel

kutija sa bojama
....
verfdoos

makaze
....
schaar

lepilo
....
lijm

beležnica
....
schrift

domaći zadatak
....
huiswerk

broj
....
getal

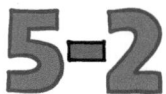

sabirati
....
optellen

oduzimati
....
aftrekken

množiti
....
vermenigvuldigen

računati
....
rekenen

slovo
....
letter

abeceda
....
alfabet

reč
....
woord

tekst
tekst

čitati
lezen

kreda
krijt

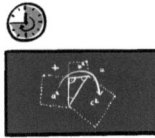

čas
les

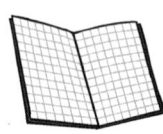

dnevnik
klassenboek

ispit
examen

svedočanstvo
diploma

školska uniforma
schooluniform

obrazovanje
opleiding

leksikon
encyclopedie

univerzitet
universiteit

mikroskop
microscoop

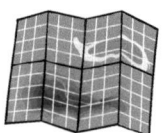

karta
kaart

košara za papir
prullenmand

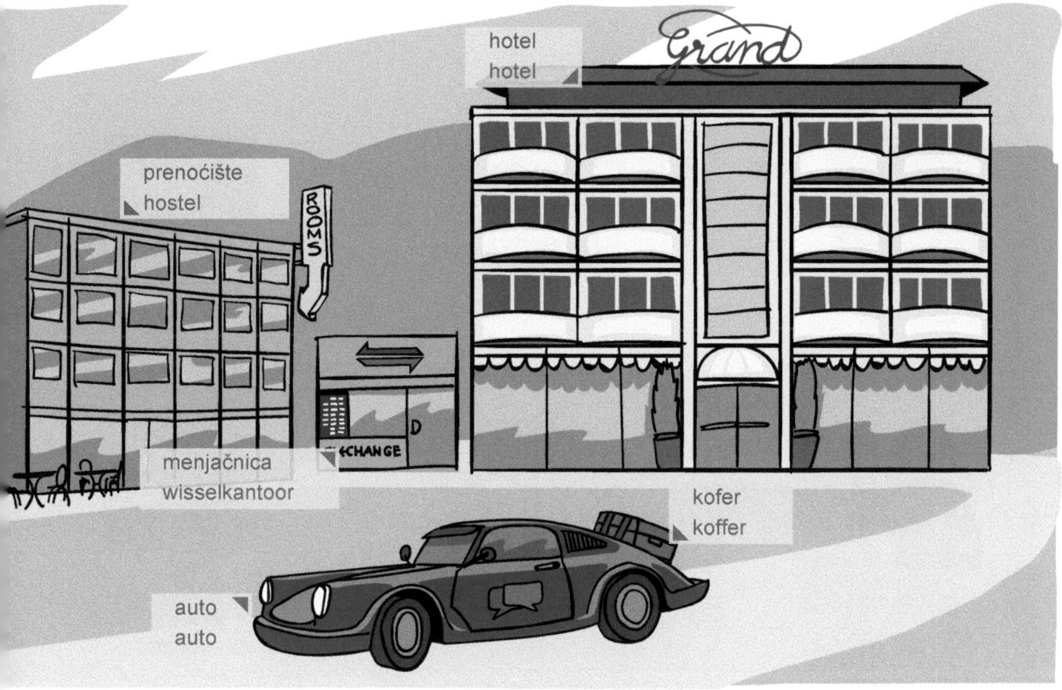

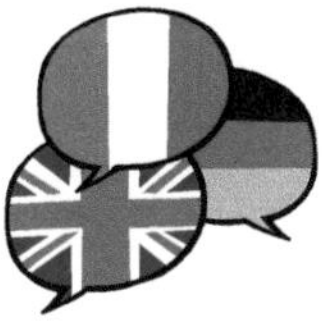

hotel
hotel
Grand
prenoćište
hostel
ROOMS
menjačnica
wisselkantoor
EXCHANGE
kofer
koffer
auto
auto

jezik
taal

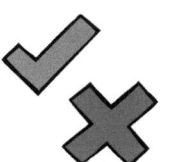

da / ne
ja / nee

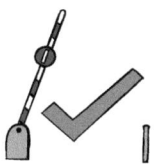

okej
oké

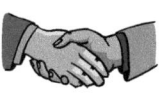

zdravo
Hallo!

prevodilac
tolk

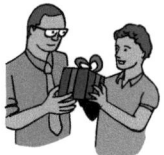

hvala
Bedankt.

Koliko košta...?

Wat kost ...?

ne razumem

Ik begrijp het niet.

problem

probleem

dobro veče!

Goedenavond!

Dobro jutro!

Goedemorgen!

Laku noć!

Goedenacht!

doviđenja

Tot ziens!

smer

richting

prtljaga

bagage

torba

tas

ruksak

rugzak

gost

gast

soba

kamer

vreća za spavanje

slaapzak

šator

tent

turističke informacije

VVV-kantoor

plaža

strand

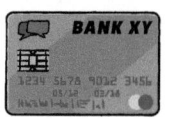

kreditna kartica

creditkaart

doručak

ontbijt

ručak

lunch

večera

diner

karta za vožnju

kaartje

lift

lift

poštanska markica

postzegel

granica

grens

carina

douane

ambasada

ambassade

viza

visum

pasoš

paspoort

transport

transport

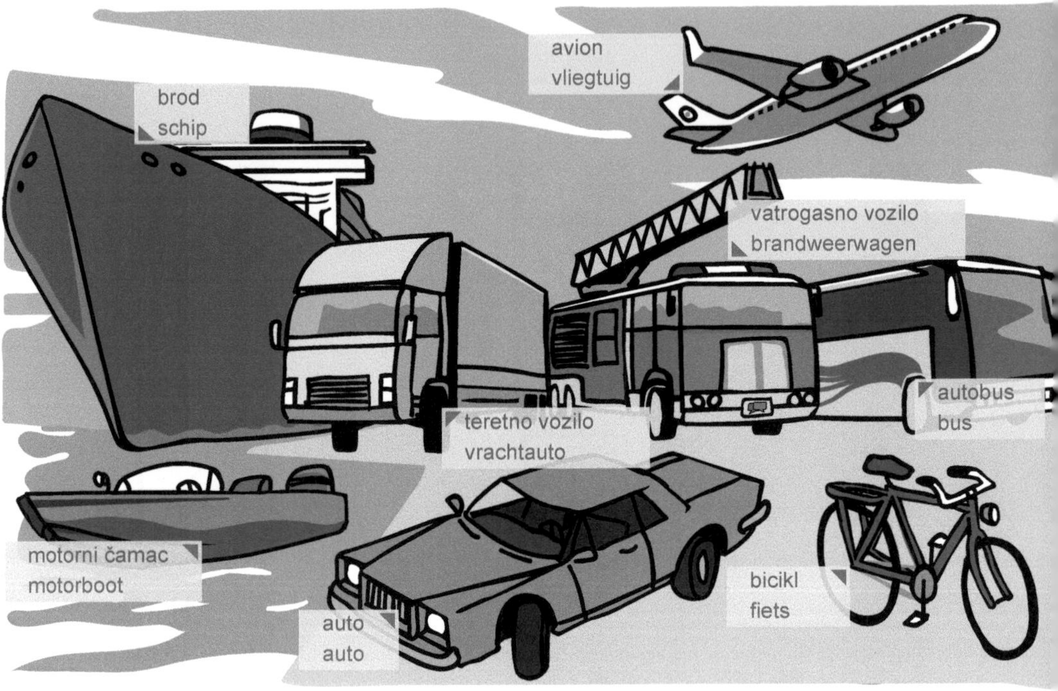
avion
vliegtuig
brod
schip
vatrogasno vozilo
brandweerwagen
autobus
bus
teretno vozilo
vrachtauto
motorni čamac
motorboot
bicikl
fiets
auto
auto

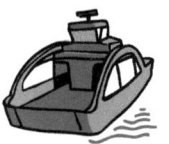

trajekt

veerboot

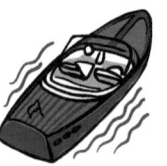

čamac

boot

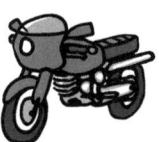

motocikl

motorfiets

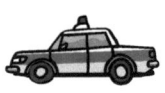

policijski auto

politiewagen

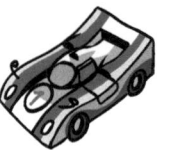

trkaći auto

raceauto

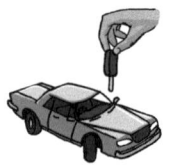

iznajmljeno auto

huurauto

delenje automobila

carsharing

vučno vozilo

takelwagen

vozilo za odvoz smeća

vuilniswagen

motor

motor

benzin

benzine

benzinska stanica

benzinepomp

saobraćajni znak

verkeersbord

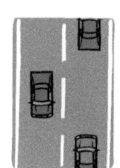

saobraćaj

verkeer

zastoj

file

parkiralište

parkeerplaats

železnička stanica

station

šine

rails

voz

trein

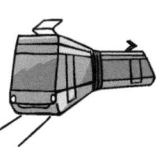

tramvaj

tram

vagon

wagon

helikopter

helikopter

aerodrom

luchthaven

kula

toren

putnik

passagier

kontejner

container

karton

verhuisdoos

kolica

kar

korpa

mand

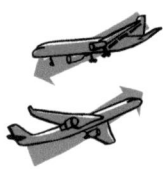

uzleteti / sleteti

opstijgen / landen

grad
stad

selo

dorp

centar grada

stadscentrum

kuća

huis

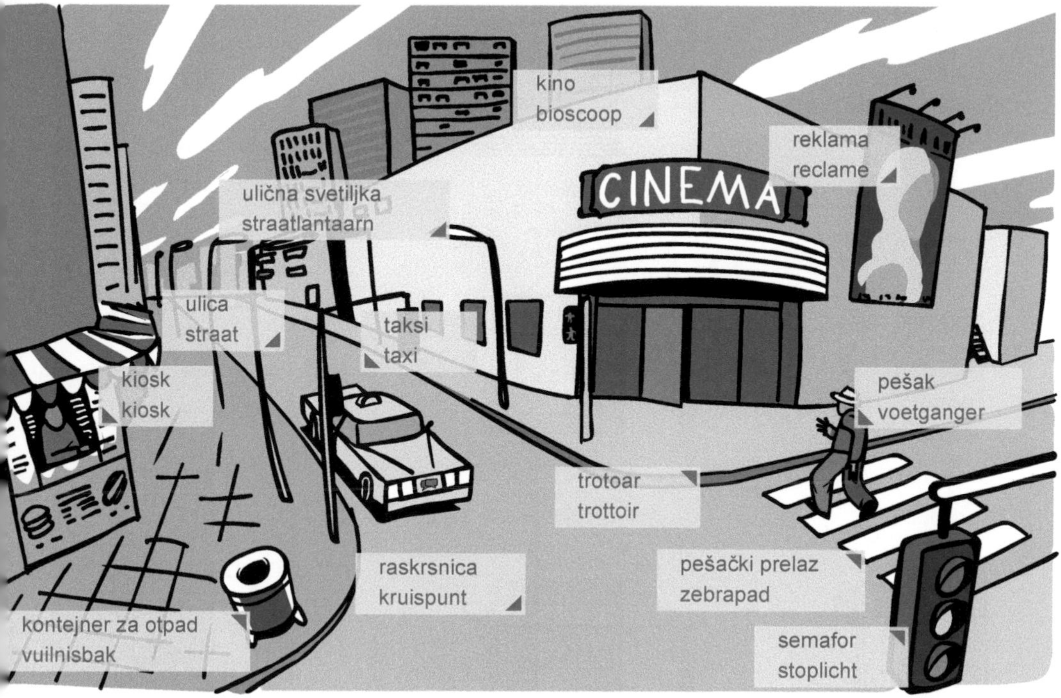

kino
bioscoop

reklama
reclame

ulična svetiljka
straatlantaarn

ulica
straat

taksi
taxi

kiosk
kiosk

pešak
voetganger

CINEMA

trotoar
trottoir

raskrsnica
kruispunt

pešački prelaz
zebrapad

kontejner za otpad
vuilnisbak

semafor
stoplicht

koliba
hut

stan
appartement

željeznička stanica
station

većnica
stadhuis

muzej
museum

škola
school

univerzitet

universiteit

banka

bank

bolnica

ziekenhuis

hotel

hotel

apoteka

apotheek

kancelarija

kantoor

knjižara

boekenwinkel

prodavnica

winkel

cvećara

bloemenwinkel

supermarket

supermarkt

trg

markt

robna kuća

warenhuis

ribarnica

visboer

trgovački centar

winkelcentrum

luka

haven

park

park

klupa

bank

most

brug

stepenice

trap

podzemna železnica

metro

tunel

tunnel

autobuska stanica

bushalte

bar

bar

restoran

restaurant

poštansko sanduče

brievenbus

ulični znak

straatnaambord

parkirni automat

parkeermeter

zoološki vrt

dierentuin

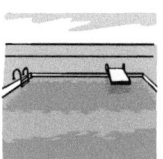

bazen

zwembad

džamija

moskee

seosko gazdinstvo
....
boerderij

zagađenje okoline
....
vervuiling

groblje
....
begraafplaats

crkva
....
kerk

igralište
....
speelplaats

hram
....
tempel

pejsaž
landschap

list
blad

putokaz
wegwijzer

put
weg

livada
weide

kamen
steen

drvo
boom

šetač
wandelaar

reka
rivier

trava
gras

cvijet
bloem

dolina
vallei

planina
berg

jezero
meer

šuma
bos

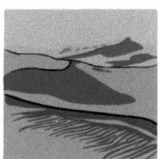

pustinja
woestijn

vulkan
vulkaan

dvorac
kasteel

duga
regenboog

gljiva
paddenstoel

palma
palmboom

moskito
mug

muva
vlieg

mrav
mier

pčela
bij

pauk
spin

buba

kever

žaba

kikker

veverica

eekhoorn

jež

egel

zec

haas

sova

uil

ptica

vogel

labud

zwaan

divlja svinja

wild zwijn

jelen

hert

los

eland

nasip

stuwdam

vetrenjača

windmolen

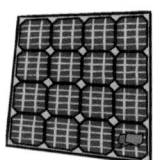

solarna ploča

zonnepaneel

klima

klimaat

restoran
restaurant

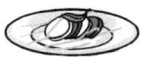

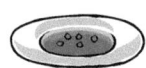

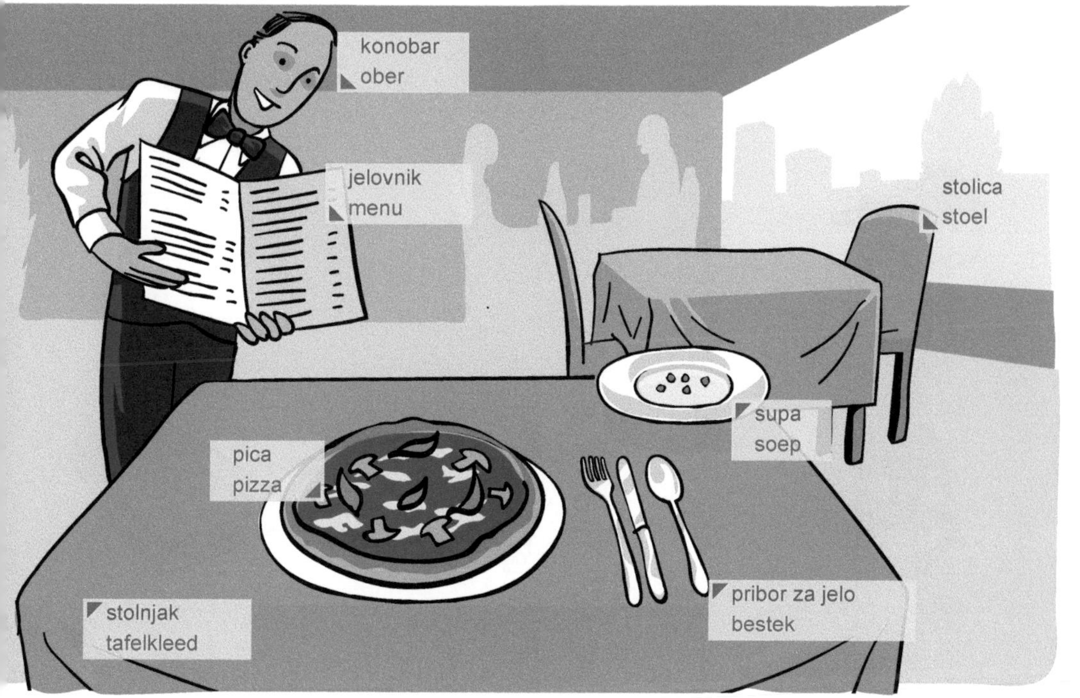
konobar
ober
jelovnik
menu
stolica
stoel
supa
soep
pica
pizza
stolnjak
tafelkleed
pribor za jelo
bestek

predjelo

voorgerecht

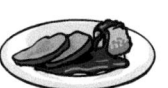

glavno jelo

hoofdgerecht

desert

toetje

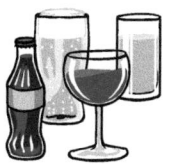

napitci

dranken

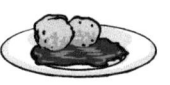

jelo

eten

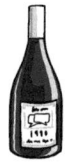

flaša

fles

brza hrana
....
fastfood

imbis hrana
....
eetkraampje

čajnik
....
theepot

doza za šećer
....
suikerpot

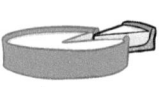

porcija
....
portie

aparat za espresso
....
espressomachine

visoka stolica
....
kinderstoel

račun
....
rekening

poslužavnik
....
dienblad

nož
....
mes

viljuška
....
vork

kašika
....
lepel

čajna kašika
....
theelepel

salveta
....
servet

čaša
....
glas

tanjir

bord

tanjir za supu

soepbord

tanjirić

schotel

sos

saus

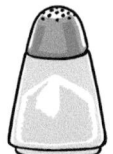

soljenka

zoutvaatje

mlin za biber

pepermolen

sirće

azijn

ulje

olie

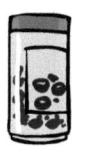

začini

kruiden

kečap

ketchup

senf

mosterd

majoneza

mayonaise

supermarket
supermarkt

ponuda
aanbieding
FOR
kupac
klant
mlečni proizvodi
zuivelproducten
voće
fruit
kolica za kupovinu
winkelwagen

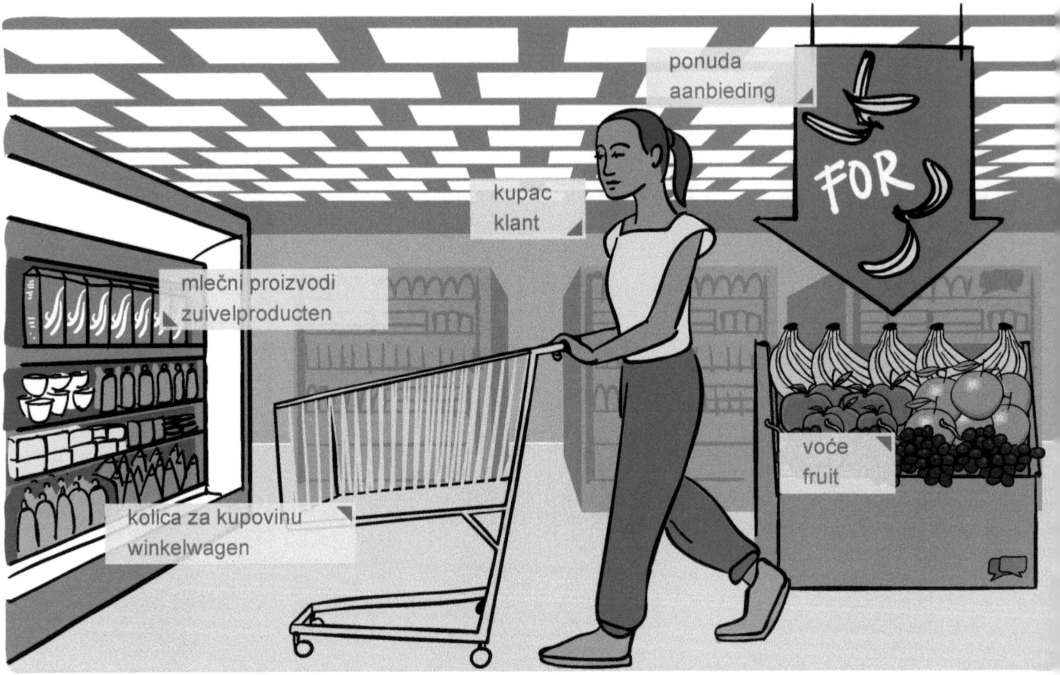

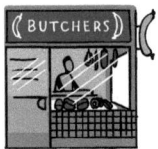

BUTCHERS

mesnica

slager

BAKERY

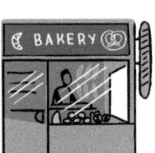

pekara

bakkerij

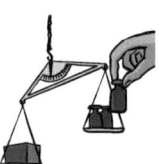

vagati

wegen

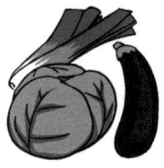

povrće

groente

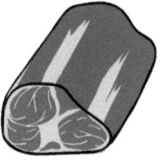

meso

vlees

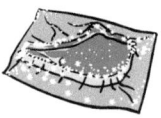

smrznuta hrana

diepvriesproducten

narezak

vleeswaren

konzerve

conserven

sredstvo za pranje

wasmiddel

slatkiši

snoepgoed

artikli za domaćinstvo

huishoudelijke artikelen

sredstva za čišćenje

schoonmaakmiddel

prodavačica

verkoopster

blagajna

kassa

blagajnik

kassier

lista za kupovinu

boodschappenlijstje

vreme rada

openingstijden

novčanik

portefeuille

kreditna kartica

creditkaart

torba

tas

plastična kesa

plastic zak

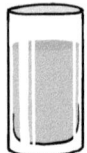

voda

water

sok

sap

mleko

melk

kola

cola

vino

wijn

pivo

bier

alkohol

alcohol

kakao

chocolademelk

čaj

thee

kava

koffie

espresso

espresso

cappuccino

cappuccino

banana

banaan

jabuka

appel

narandža

sinaasappel

lubenica

watermeloen

limun

citroen

šargarepa

wortel

beli luk

knoflook

bambus

bamboe

luk

ui

gljiva

paddenstoel

orašasti plodovi

noten

rezanci

pasta

špagete

spaghetti

riža

rijst

salata

salade

pomfrit

friet

pečeni krumpir

gebakken aardappelen

pica

pizza

hamburger

hamburger

sendvič

sandwich

šnicla

schnitzel

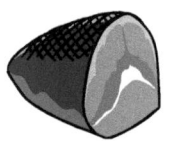

šunka

ham

salama

salami

kobasica

worst

kokoš

kip

pečenje

gebraad

riba

vis

zobene pahuljice

havermout

musli

muesli

kukuruzne pahuljice

cornflakes

brašno

meel

kroasan

croissant

pecivo

broodjes

hleb

brood

toast

toast

keksi

koekjes

maslac

boter

sveži sir

kwark

kolač

taart

jaje

ei

jaje na oko

gebakken ei

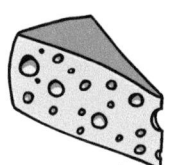

sir

kaas

sladoled
ijs

šećer
suiker

med
honing

marmelada
jam

nugat krema
chocoladepasta

kari
kerrie

seosko gazdinstvo

boerderij

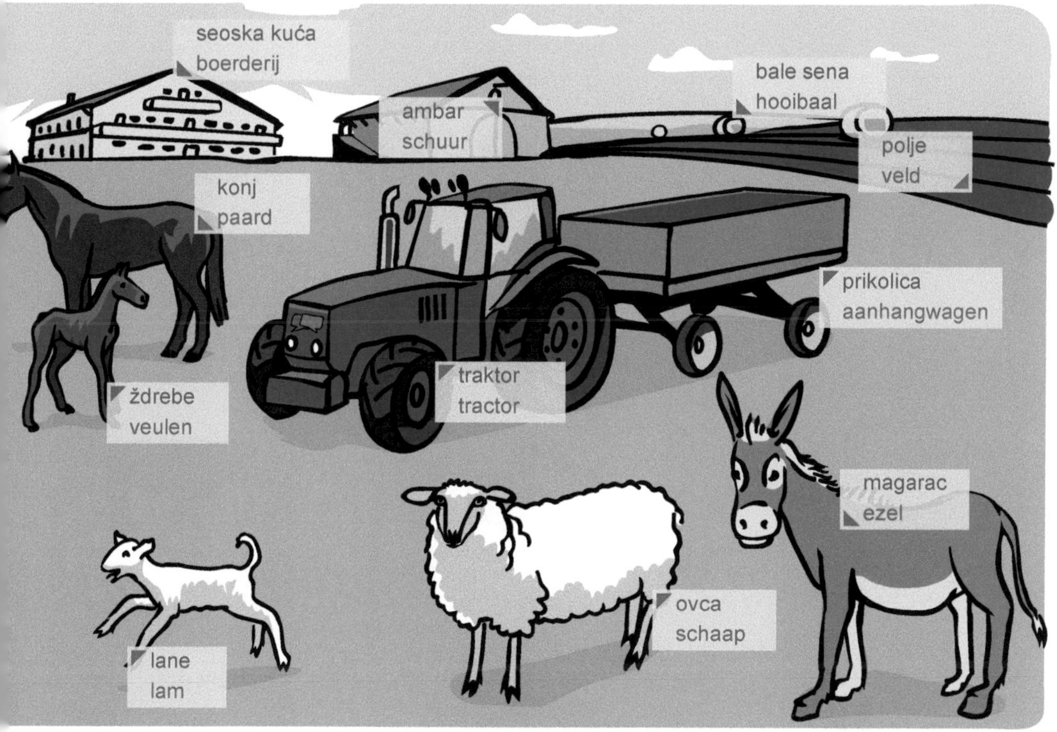
seoska kuća
boerderij
ambar
schuur
bale sena
hooibaal
polje
veld
konj
paard
prikolica
aanhangwagen
traktor
tractor
ždrebe
veulen
magarac
ezel
ovca
schaap
lane
lam

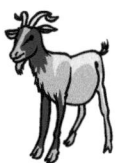

koza

geit

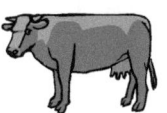

krava

koe

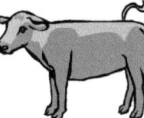

tele

kalf

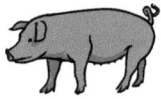

svinja

varken

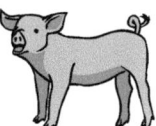

prase

big

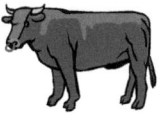

bik

stier

guska

gans

patka

eend

pilići

kuiken

kokoš

kip

petao

haan

pacov

rat

mačka

kat

miš

muis

vol

os

pas

hond

kućica za psa

hondenhok

vrtno crevo

tuinslang

kanta za polivanje

gieter

kosa

zeis

plug

ploeg

srp

sikkel

motika

schoffel

viljuška za đubrivo

hooivork

sekira

bijl

tačke

kruiwagen

korito

trog

posuda za mleko

melkbus

vreća

zak

ograda

hek

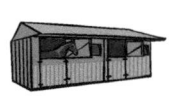

štala

stal

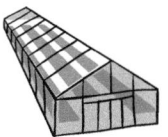

staklenik

broeikas

zemlja

grond

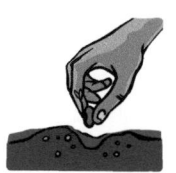

seme

zaad

đubrivo

mest

kombajn

maaidorser

žeti
....
oogsten

žetva
....
oogst

jams začin
....
yam

pšenica
....
tarwe

soja
....
soja

krumpir
....
aardappel

kukuruz
....
maïs

uljana repica
....
koolzaad

voćka
....
fruitboom

gomolj manioke
....
maniok

žitarice
....
granen

kuća
huis

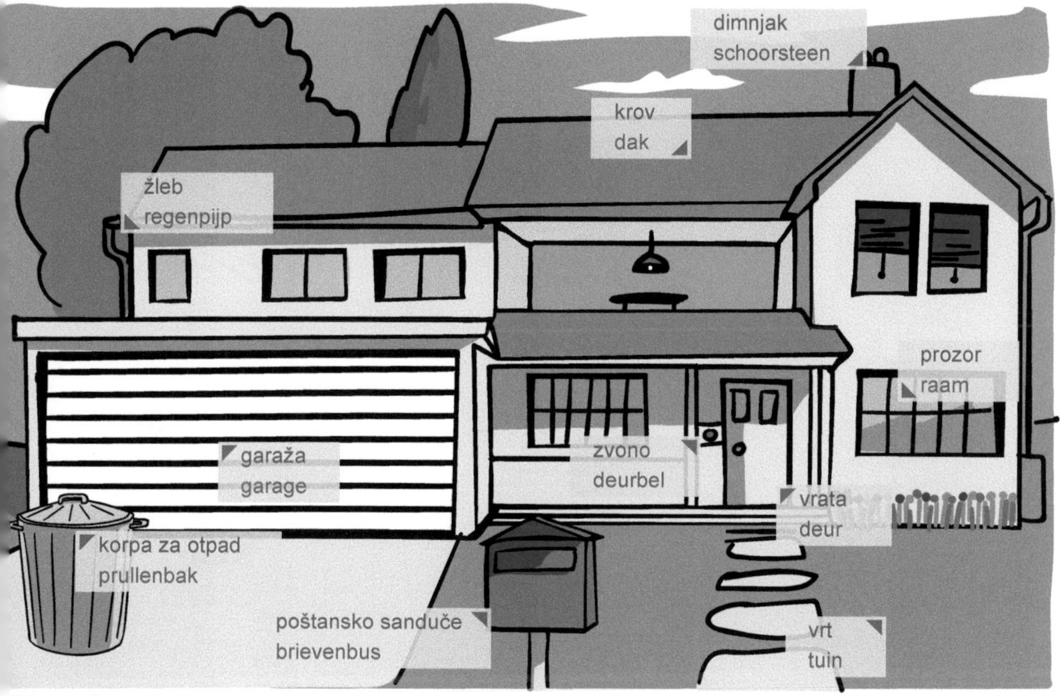
dimnjak
schoorsteen
krov
dak
žleb
regenpijp
prozor
raam
garaža
garage
zvono
deurbel
vrata
deur
korpa za otpad
prullenbak
poštansko sanduče
brievenbus
vrt
tuin

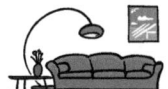

dnevna soba

woonkamer

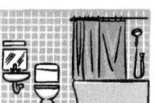

kupaonica

badkamer

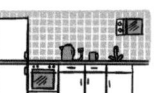

kuhinja

keuken

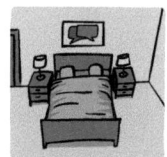

spavaća soba

slaapkamer

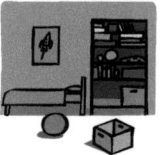

dečija soba

kinderkamer

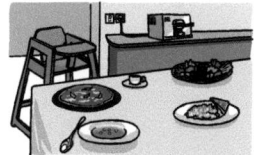

trpezarija

eetkamer

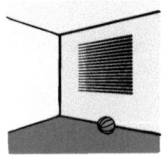

pod

vloer

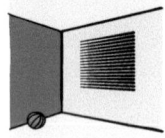

zid

muur

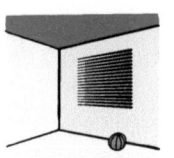

strop

plafond

podrum

kelder

sauna

sauna

balkon

balkon

terasa

terras

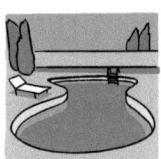

bazen

zwembad

kosilica za travu

grasmaaier

posteljina za krevet

laken

deka za krevet

bedsprei

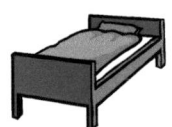

krevet

bed

metla

bezem

kanta

emmer

prekidač

schakelaar

dnevna soba
woonkamer

tapeta
behang
slika
foto
svetiljka
lamp
regal
plank
ormar
kast
televizija
televisie
kamin
open haard
cvijet
bloem
jastuk
kussen
kauč
bankstel
vaza
vaas
daljinski upravljač
afstandsbediening

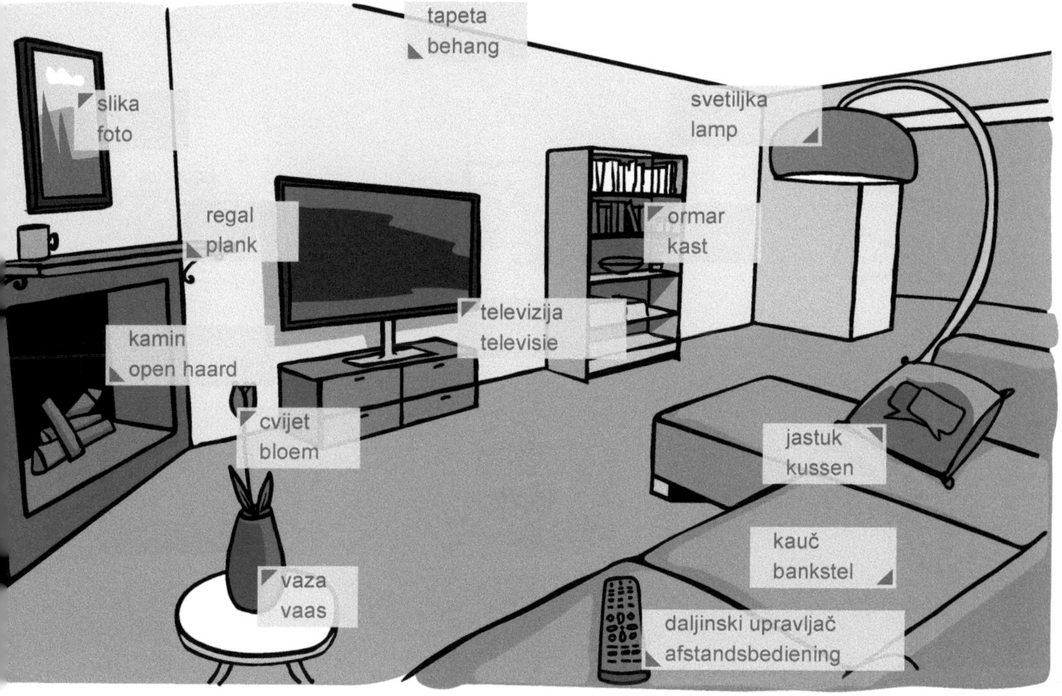

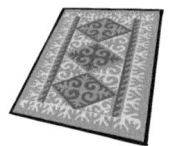

tepih

tapijt

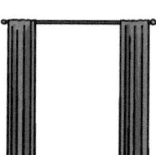

zavesa

gordijn

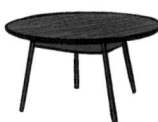

sto

tafel

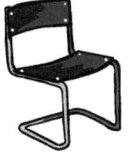

stolica

stoel

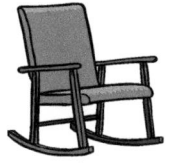

stolica za njihanje

schommelstoel

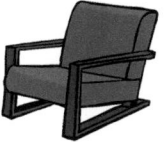

fotelja

stoel

knjiga

boek

deka

deken

dekoracija

decoratie

drvo za ogrev

brandhout

film

film

hi-fi uređaj

stereo-installatie

ključ

sleutel

novine

krant

slika na platnu

schilderij

poster

poster

radio

radio

blok za pisanje

kladblok

usisivač

stofzuiger

kaktus

cactus

sveća

kaars

kuhinja
keuken

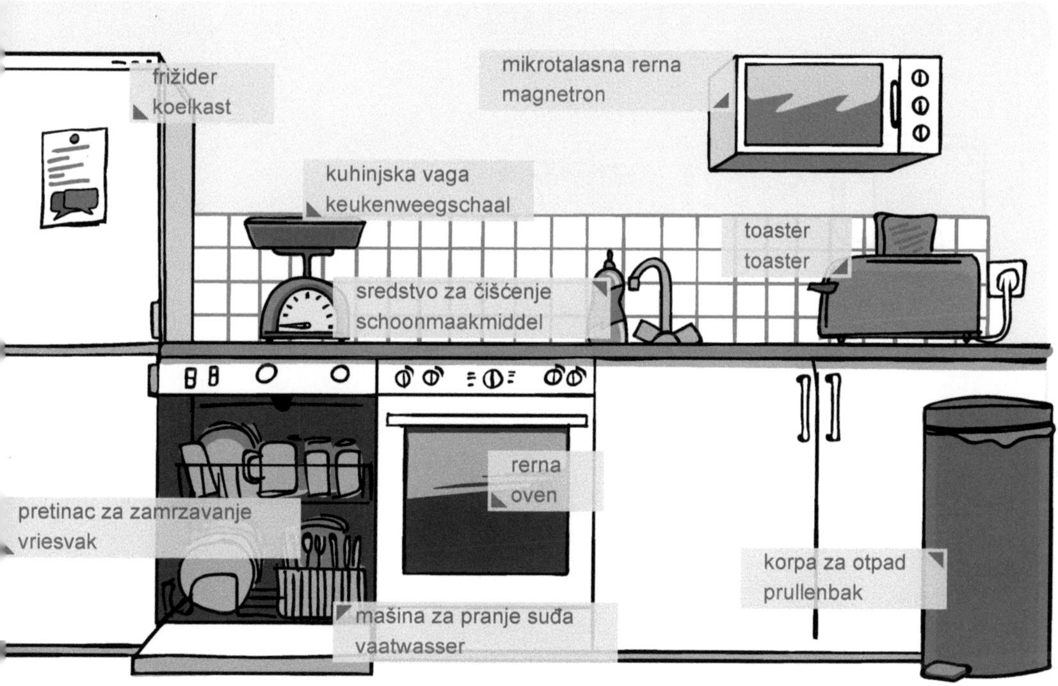

frižider
koelkast
mikrotalasna rerna
magnetron
kuhinjska vaga
keukenweegschaal
toaster
toaster
sredstvo za čišćenje
schoonmaakmiddel
rerna
oven
pretinac za zamrzavanje
vriesvak
korpa za otpad
prullenbak
mašina za pranje suđa
vaatwasser

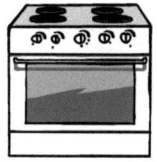

šporet

fornuis

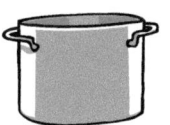

lonac

pan

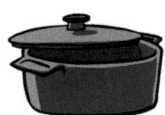

gvozdeni lonac

gietijzeren pan

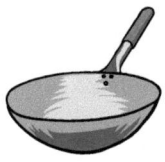

wok / kadai

wok / kadai

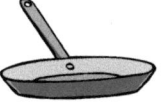

tava

koekenpan

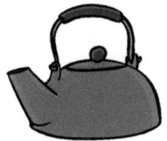

kuvalo za vodu

ketel

kuvalo na paru

stoomkoker

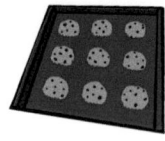

lim za pečenje

bakplaat

posuđe

servies

čaša

beker

posuda

kom

štapići za jelo

eetstokjes

kutlača

soeplepel

lopatica

spatel

penjača

garde

sito za kuvanje

vergiet

sito

zeef

ribež

rasp

mužar

vijzel

roštilj

barbecue

ognjište

vuurhaard

kuhinja - keuken

daska

snijplank

oklagija

deegroller

vadičep

kurkentrekker

konzerva

blik

otvarač konzervi

blikopener

krpa za lonac

pannenlap

sudoper

wasbak

četka

borstel

sunđer

spons

mikser

blender

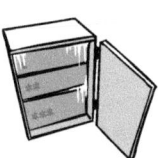

zamrzivač

vriezer

flašica za bebe

babyflesje

slavina za vodu

kraan

kupaonica
badkamer

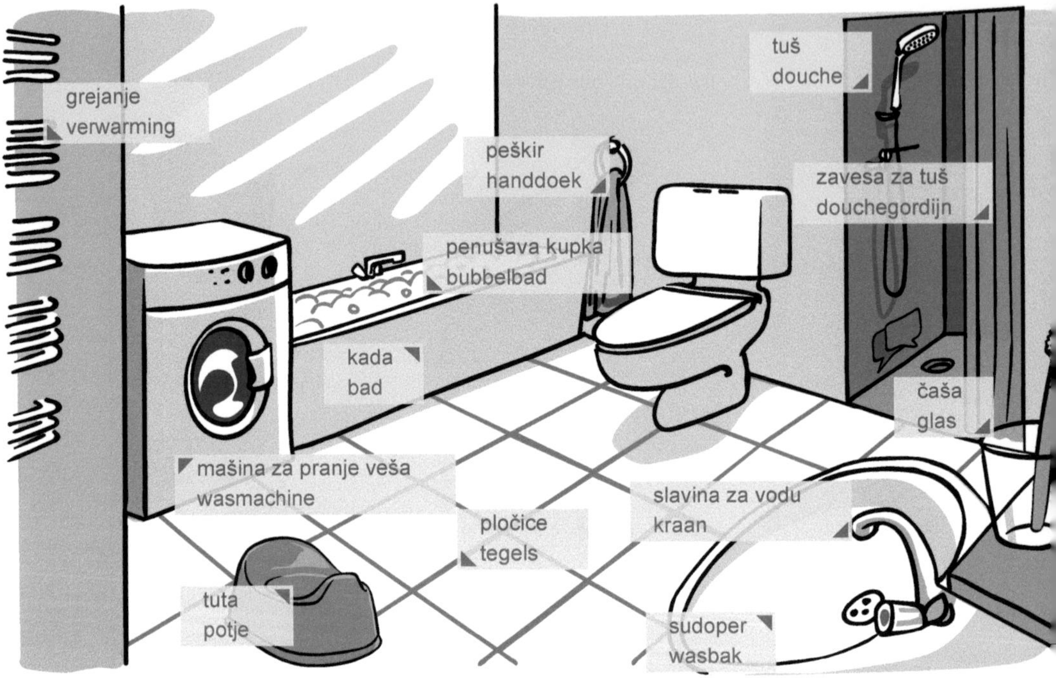

grejanje
verwarming
peškir
handdoek
tuš
douche
zavesa za tuš
douchegordijn
penušava kupka
bubbelbad
kada
bad
čaša
glas
mašina za pranje veša
wasmachine
slavina za vodu
kraan
pločice
tegels
tuta
potje
sudoper
wasbak

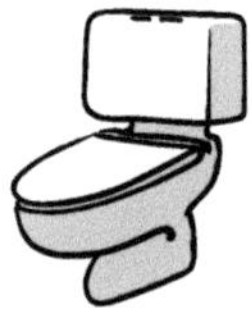

toalet

toilet

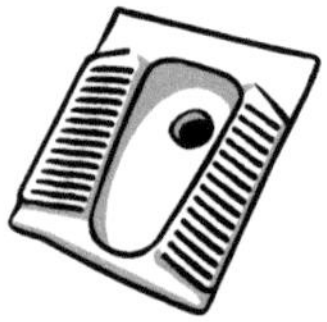

čučavac

hurktoilet

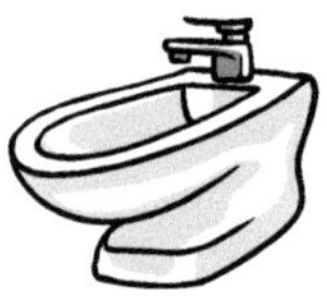

bidet

bidet

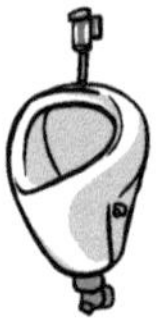

pisoar

urinoir

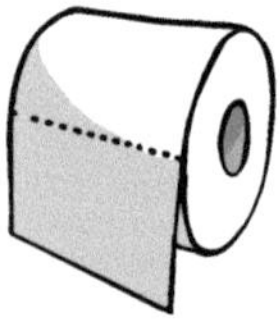

toaletni papir

toiletpapier

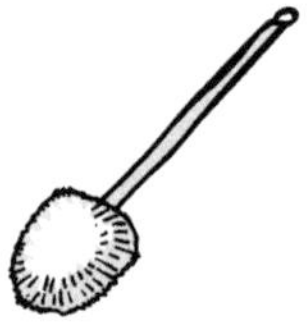

četka za toalet

toiletborstel

četkica za zube

tandenborstel

pasta za zube

tandpasta

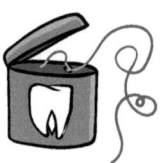

konac za zube

flosdraad

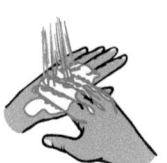

prati

wassen

tuš ručica

handdouche

tuš za pranje intimnih delova

toiletdouche

lavor

waskom

četka za pranje leđa

rugborstel

sapun

zeep

gel za tuširanje

douchegel

šampon

shampoo

krpa za pranje

washanje

odvod

afvoer

krema

creme

dezodorans

deodorant

ogledalo

spiegel

kozmetičko ogledalo

make-upspiegel

brijač

scheermes

pena za brijanje

scheerschuim

losion za posle brijanja

aftershave

češalj

kam

četka

borstel

fen za kosu

haardroger

sprej za kosu

haarspray

makeup

make-up

ruž za usne

lippenstift

lak za nokte

nagellak

vata

watten

makaze za nokte

nagelschaartje

parfem

parfum

kozmetička torbica

toilettas

stolica

kruk

vaga

weegschaal

ogrtač

badjas

rukavice za čišćenje

rubber handschoenen

tampon

tampon

uložak

maandverband

hemijski toalet

chemisch toilet

dečija soba
kinderkamer

budilnik
wekker
plišana igračka
knuffeldier
auto igračka
speelgoedauto
zvečka
rammelaar
kućica za lutke
poppenhuis
poklon
cadeau

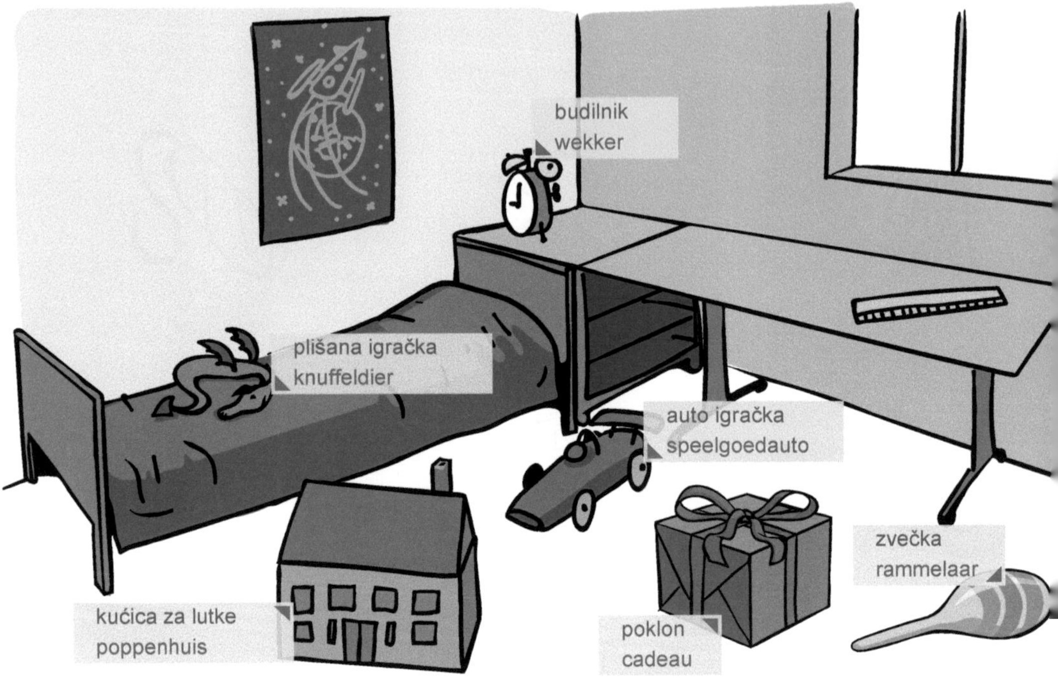

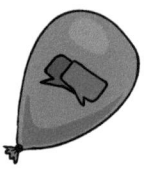

balon

ballon

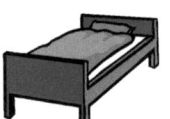

krevet

bed

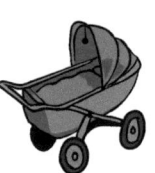

dječija kolica

kinderwagen

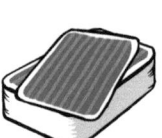

igra s kartama

kaartspel

slagalica

puzzel

SUPER
MEGA

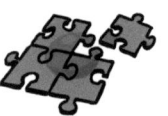

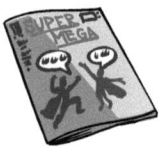

strip

stripverhaal

lego kockice

legostenen

kockice za slaganje

speelgoedblokken

akcioni junak

actiefiguurtje

benkica za bebe

romper

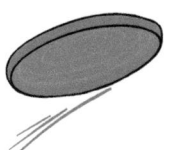

frizbi

frisbee

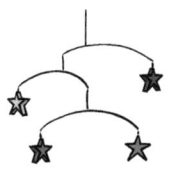

viseće igračke

mobile

društvene igre

bordspel

kocka

dobbelsteen

minijaturna željeznica

modeltrein

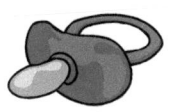

duda

speen

zabava

feestje

slikovnica

prentenboek

lopta

bal

lutka

pop

igrati

spelen

pješčanik

zandbak

ljuljačka

schommel

igračka

speelgoed

konzola za igre

spelcomputer

tricikl

driewieler

tedi

teddybeer

ormar

kleerkast

odeća

kleding

kratke čarape

sokken

čarape

kousen

hulahopke

panty

šal
sjaal

kaiš
riem

kišobran
paraplu

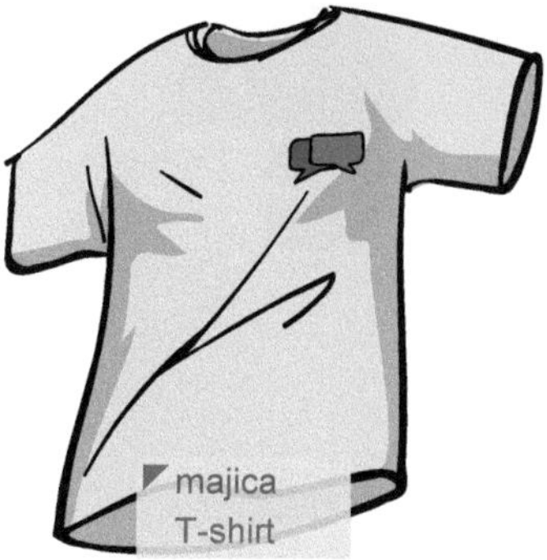

majica
T-shirt

patike
sportschoenen

čizme
laarzen

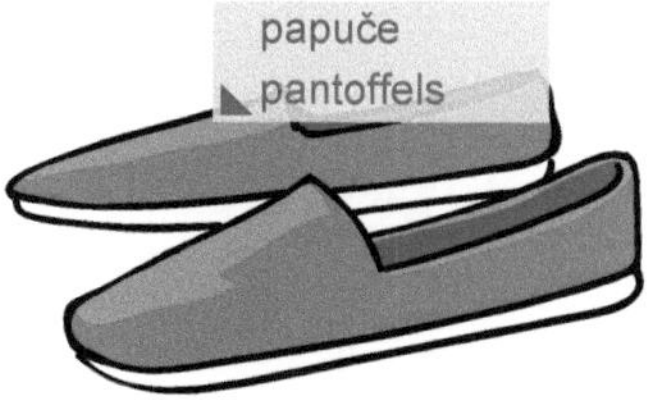

papuče
pantoffels

sandale
....
sandalen

cipele
....
schoenen

gumene čizme
....
rubberlaarzen

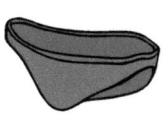

gaćice
....
onderbroek

grudnjak
....
beha

potkošulja
....
onderhemd

odeća - kleding   45

bodi
body

pantalone
broek

farmerke
spijkerbroek

suknja
rok

bluza
blouse

košulja
overhemd

džemper
trui

džemper s kapuljačom
hoody

sako
blazer

jakna
jas

kaput
mantel

kabanica
regenjas

kostim
kostuum

haljina
jurk

venčanica
trouwjurk

odelo

pak

spavaćica

nachthemd

pidžama

pyjama

sari

sari

marama za glavu

hoofddoek

turban

tulband

burka

boerka

kaftan

kaftan

abaja

abaja

kupaći kostim

zwempak

kupaće gaćice

zwembroek

kratke pantalone

korte broek

odeća za trening

trainingspak

kecelja

schort

rukavice

handschoenen

dugme

knoop

naočare

bril

narukvica

armband

ogrlica

ketting

prsten

ring

naušnica

oorbel

kapa

pet

vešalica

kledinghanger

šešir

hoed

kravata

stropdas

patent zatvarač

rits

kaciga

helm

naramenice

bretels

školska uniforma

schooluniform

uniforma

uniform

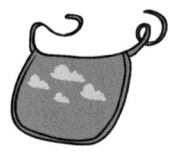

podbradak

slabbetje

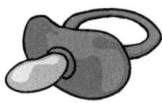

duda

speen

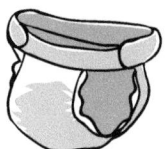

pelena

luier

kancelarija
kantoor

server
server
ormar za spise
archiefkast
štampač
printer
papir
papier
monitor
beeldscherm
pisaći stol
bureau
miš
muis
mapa
map
tastatura
toetsenbord
košara za papir
prullenmand
kompjuter
computer
stolica
stoel

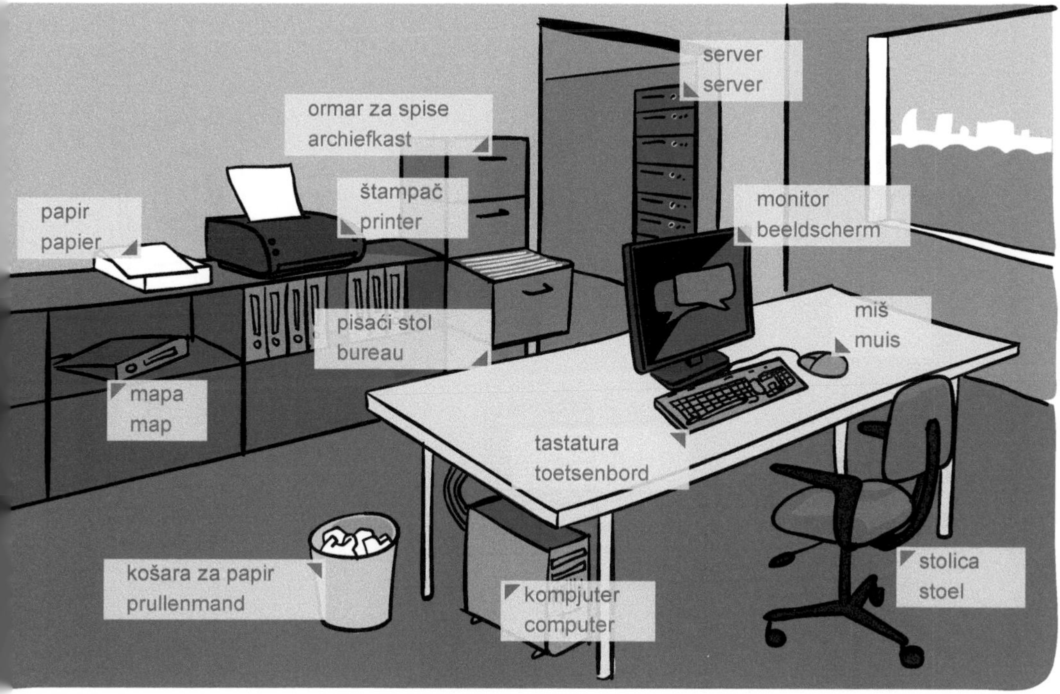

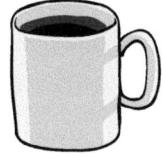

šalica za kavu

koffiemok

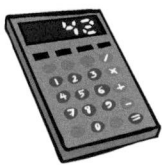

kalkulator

rekenmachine

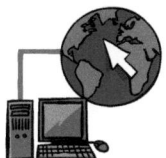

internet

internet

laptop

laptop

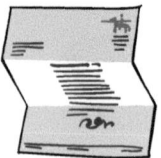

pismo

brief

poruka

bericht

mobilni telefon

mobiele telefoon

mreža

netwerk

uređaj za kopiranje

kopieermachine

softver

software

telefon

telefoon

utičnica

stopcontact

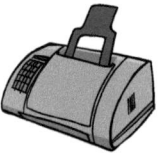

faks

fax

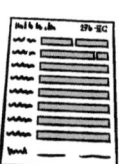

formular

formulier

dokument

document

kupovati

kopen

platiti

betalen

trgovati

handel drijven

novac

geld

USD

dolar

dollar

EUR

evro

euro

JPY

jen

yen

RUB

rublja

roebel

CHF

švajcarski franak

Zwitserse frank

CNY

renmindbi juan

renminbi yuan

INR

rupija

roepie

automat za novac

geldautomaat

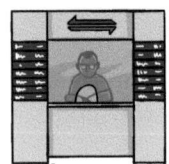

menjačnica

wisselkantoor

zlato

goud

srebro

zilver

nafta

olie

energija

energie

cena

prijs

ugovor

contract

porez

belasting

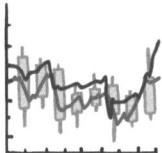

deonica

aandeel

raditi

werken

službenik

werknemer

poslodavac

werkgever

fabrika

fabriek

prodavnica

winkel

zanimanja
beroepen

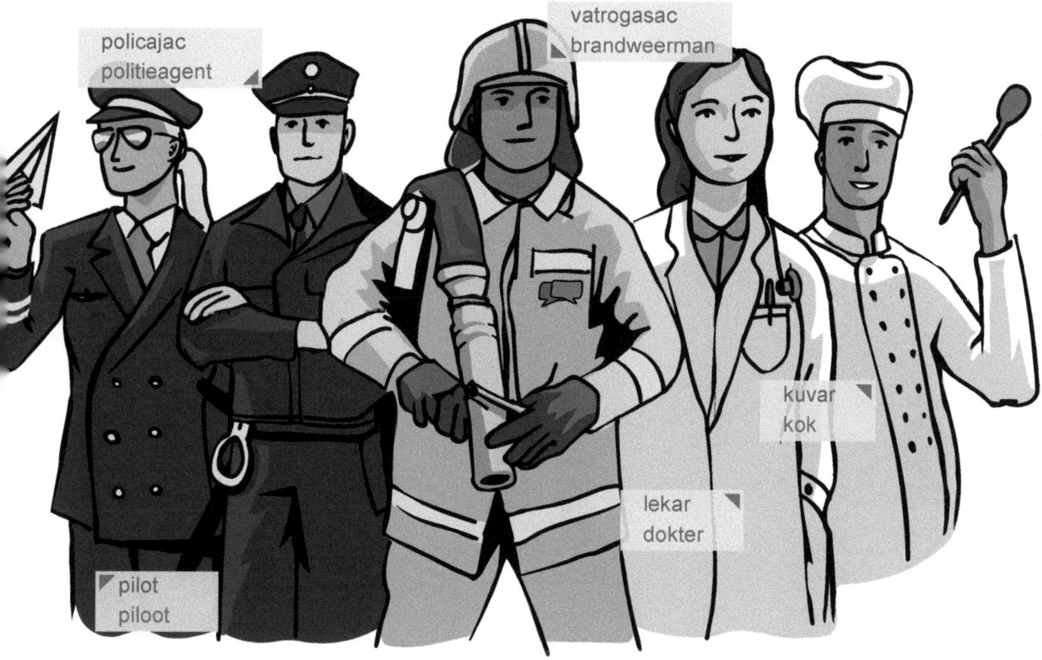
policajac
politieagent
vatrogasac
brandweerman
kuvar
kok
lekar
dokter
pilot
piloot

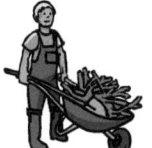

vrtlar

tuinman

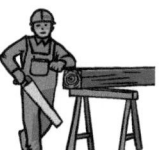

stolar

timmerman

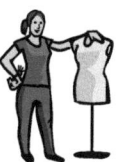

krojačica

naaister

sudija

rechter

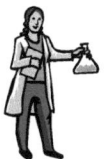

hemičar

scheikundige

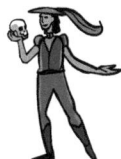

glumac

toneelspeler

vozač autobusa

buschauffeur

vozač taksija

taxichauffeur

ribar

visser

čistačica

schoonmaakster

krovopokrivač

dakdekker

konobar

ober

lovac

jager

slikar

schilder

pekar

bakker

električar

elektricien

građevinski radnik

bouwvakker

inženjer

ingenieur

mesar

slager

limar

loodgieter

poštar

postbode

vojnik

soldaat

arhitekta

architect

blagajnik

kassier

cvećar

bloemist

frizer

kapper

kondukter

conducteur

mehaničar

monteur

kapetan

kapitein

zubar

tandarts

naučnik

wetenschapper

rabi

rabbi

imam

imam

monah

monnik

svećenik

pastoor

alati
gereedschap

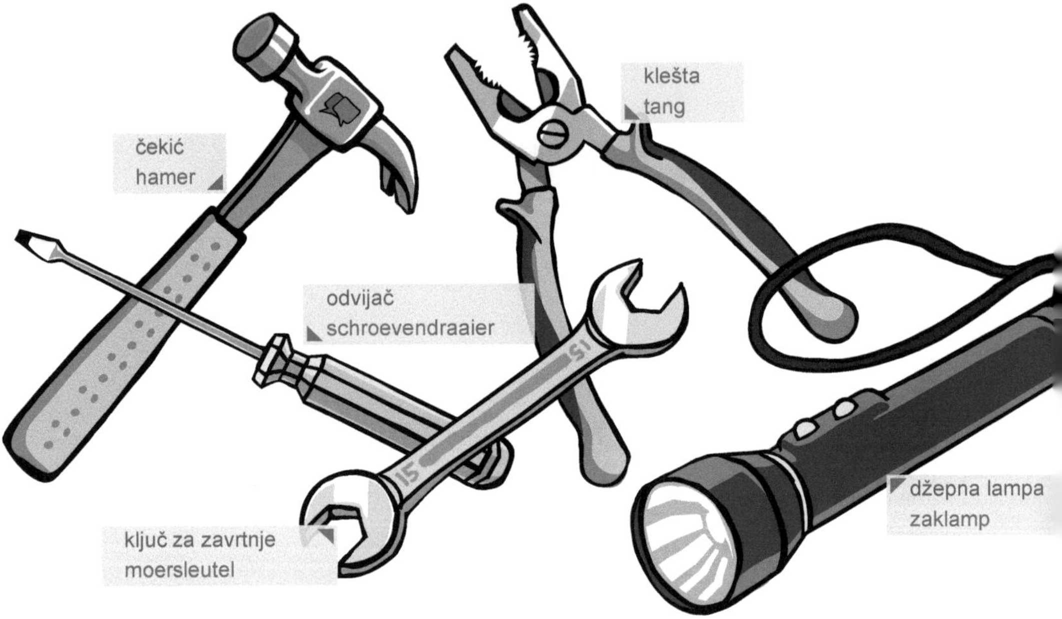

klešta
tang
čekić
hamer
odvijač
schroevendraaier
džepna lampa
zaklamp
ključ za zavrtnje
moersleutel

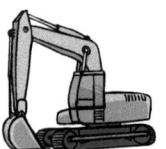

bager

graafmachine

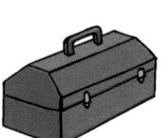

kutija za alat

gereedschapskist

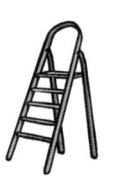

merdevine

ladder

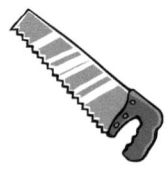

pila

zaag

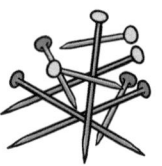

ekser

spijkers

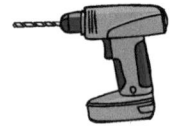

bušilica

boor

popraviti
repareren

lopata
schep

do đavola!
Verdorie!

lopatica
stofblik

lonac za boju
verfpot

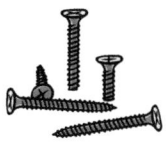

zavrtanji
schroeven

muzički instrument
muziekinstrumenten

zvučnik
luidspreker

bubnjevi
drumstel

kontrabas
contrabas

truba
trompet

gitara
gitaar

klavir

piano

violina

viool

bas

bas

timpani

pauk

udaraljke za bubnjeve

trommel

tipke klavira

keyboard

saksofon

saxofoon

flauta

fluit

mıkrofon

microfoon

zoološki vrt
dierentuin

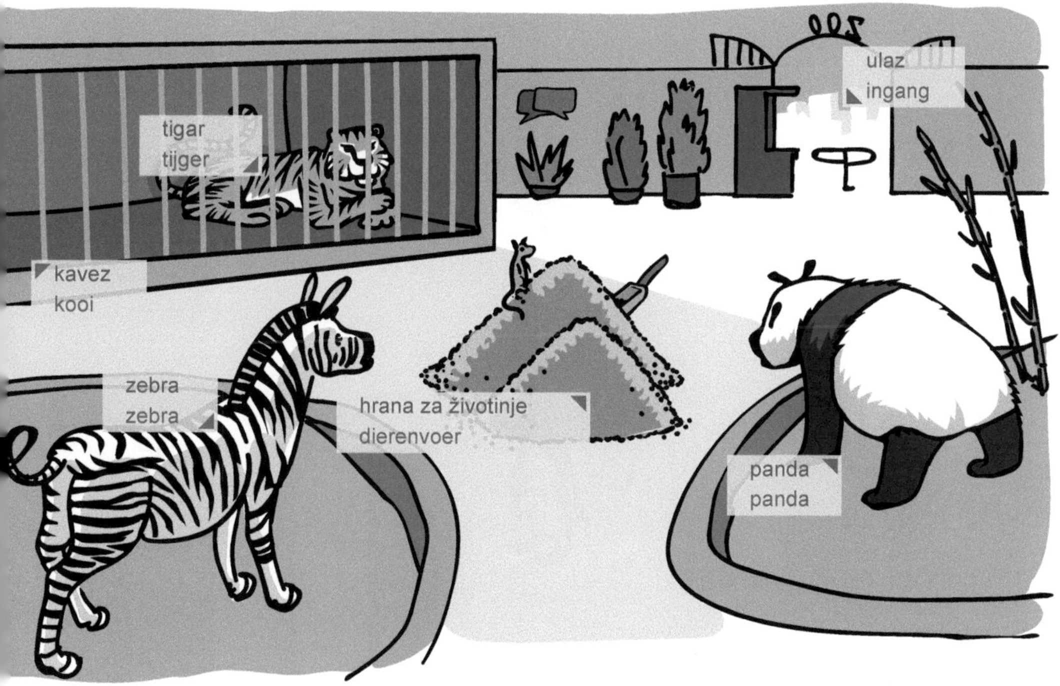

tigar
tijger
kavez
kooi
zebra
zebra
hrana za životinje
dierenvoer
panda
panda
ulaz
ingang

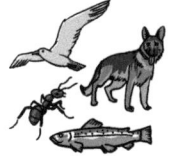

životinje

dieren

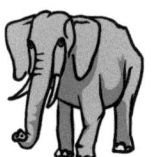

slon

olifant

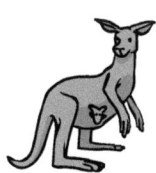

kengur

kangoeroe

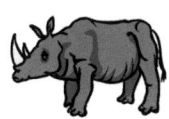

nosorog

neushoorn

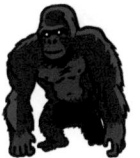

gorila

gorilla

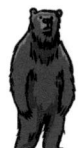

medved

beer

kamila

kameel

noj

struisvogel

lav

leeuw

majmun

aap

flamingo

flamingo

papagaj

papegaai

polarni medved

ijsbeer

pingvin

pinguïn

ajkula

haai

paun

pauw

zmija

slang

krokodil

krokodil

čuvar u zoološkom vrtu

dierenverzorger

tuljan

zeehond

jaguar

jaguar

poni
pony

leopard
luipaard

nilski konj
nijlpaard

žirafa
giraffe

orao
adelaar

divlja svinja
wild zwijn

riba
vis

kornjača
schildpad

morž
walrus

lisica
vos

gazela
gazelle

američki nogomet
American football

biciklizam
wielrennen

tenis
tennis

košarka
basketbal

plivanje
zwemmen

boks
boksen

hokej na ledu
ijshockey

fudbal
voetbal

badminton
badminton

atletika
atletiek

rukomet
handbal

skijanje
skiën

polo
polo

smejati se
lachen

skočiti
springen

zagrliti
knuffelen

pevati
zingen

ići
lopen

moliti se
bidden

poljubiti
kussen

sanjati
dromen

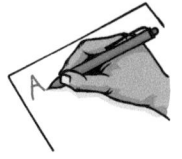

pisati

schrijven

crtati

tekenen

pokazati

tonen

gurati

duwen

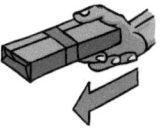

dati

geven

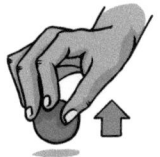

uzeti

oppakken

imati

hebben

činiti

doen

biti

zijn

stojati

staan

trčati

rennen

povlačiti

trekken

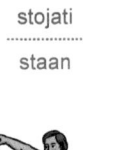

baciti

gooien

padati

vallen

ležati

liggen

čekati

wachten

nositi

dragen

sediti

zitten

oblačiti

aankleden

spavati

slapen

probuditi se

wakker worden

gledati

bekijken

plakati

huilen

milovati

strelen

češljati

kammen

govoriti

praten

razumeti

begrijpen

pitati

vragen

slušati

horen

piti

drinken

jesti

eten

pospremiti

opruimen

voleti

houden van

kuhati

koken

voziti

rijden

leteti

vliegen

ploviti

zeilen

računati

rekenen

čitati

lezen

učiti

leren

raditi

werken

venčati se

trouwen

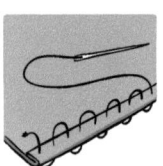

šiti

naaien

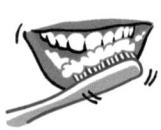

prati zube

tandenpoetsen

ubiti

doden

pušiti

roken

poslati

verzenden

porodica
familie

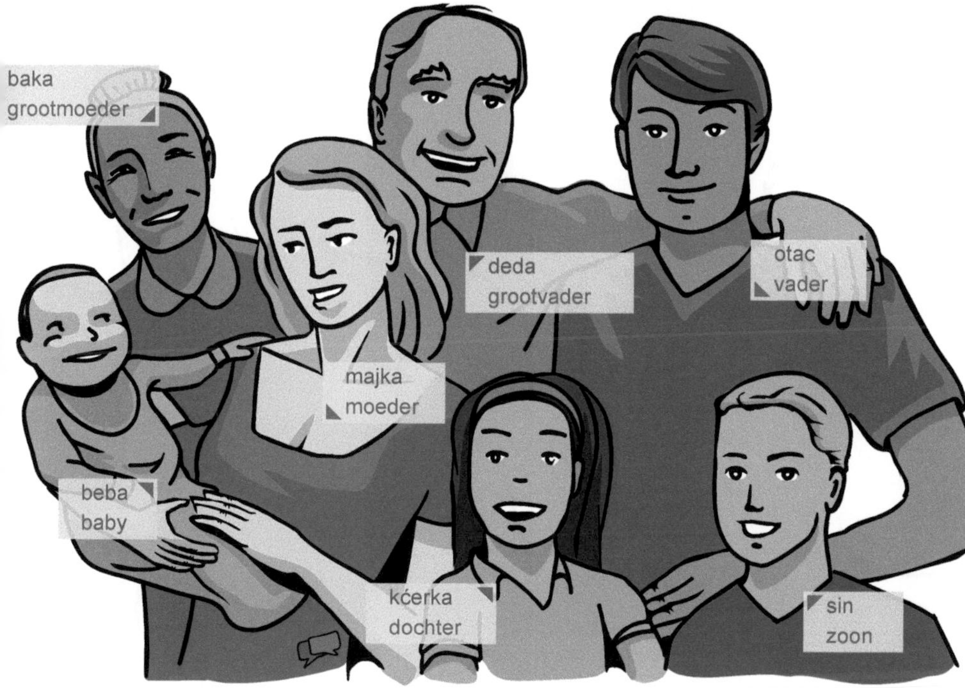
baka
grootmoeder
deda
grootvader
otac
vader
majka
moeder
beba
baby
kćerka
dochter
sin
zoon

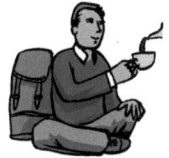

gost

gast

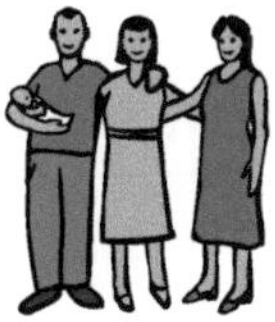

tetka

tante

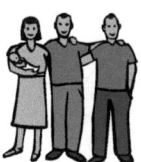

ujak, stric

oom

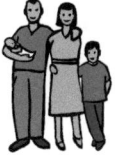

brat

broer

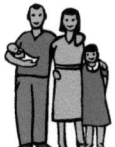

sestra

zus

telo

lichaam

čelo
voorhoofd
oko
oog
rame
schouder
prst
vinger
lice
gezicht
brada
kin
ruka
hand
noga
been
grudi
borst
ruka
arm

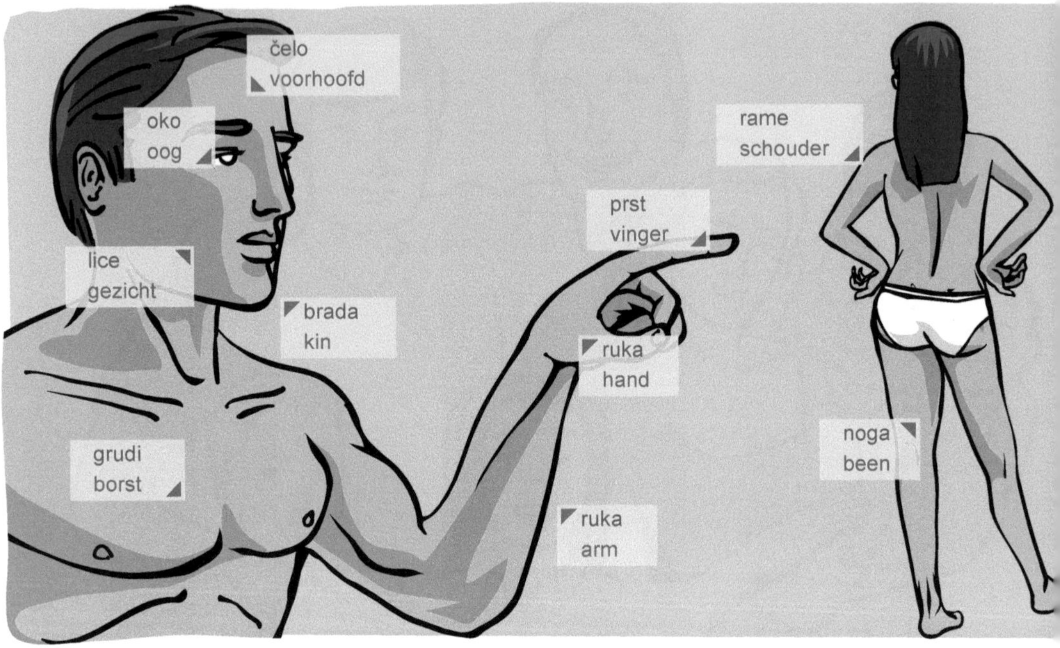

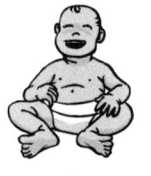

beba

baby

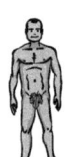

muškarac

man

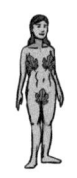

žena

vrouw

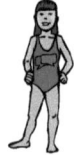

devojčica

meisje

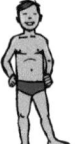

dečak

jongen

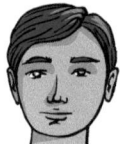

glava

hoofd

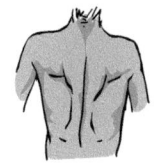

leđa
....
rug

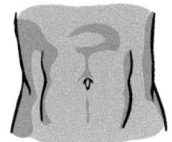

stomak
....
buik

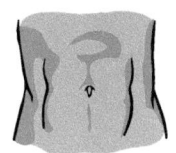

pupak
....
navel

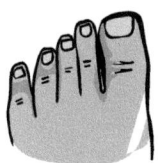

nožni prst
....
teen

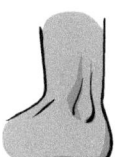

peta
....
hiel

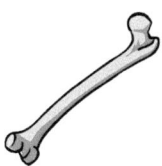

kost
....
bot

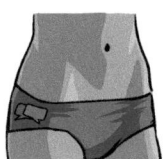

kukovi
....
heup

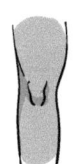

koleno
....
knie

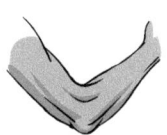

lakat
....
elleboog

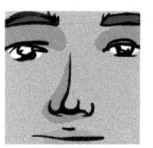

nos
....
neus

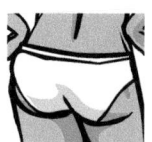

zadnjica
....
achterwerk

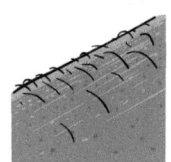

koža
....
huid

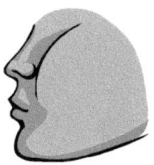

obraz
....
wang

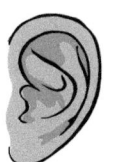

uvo
....
oor

usna
....
lippen

usta

mond

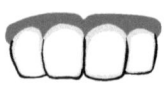

zub

tand

jezik

tong

mozak

hersenen

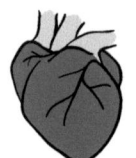

srce

hart

mišić

spier

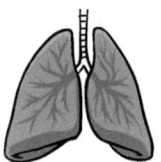

pluća

long

jetra

lever

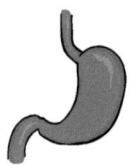

želudac

maag

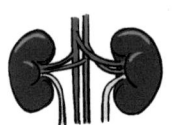

bubrezi

nieren

polni odnos

geslachtsgemeenschap

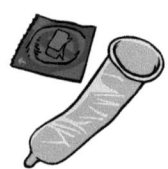

kondom

condoom

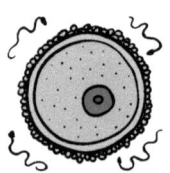

jajna ćelija

eicel

sperma

sperma

trudnoća

zwangerschap

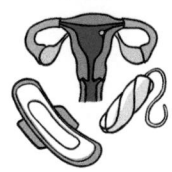

menstruacija

menstruatie

vagina

vagina

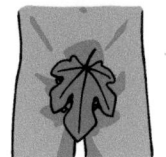

penis

penis

obrva

wenkbrauw

kosa

haar

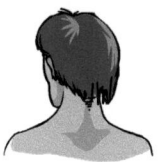

vrat

hals

bolnica
ziekenhuis

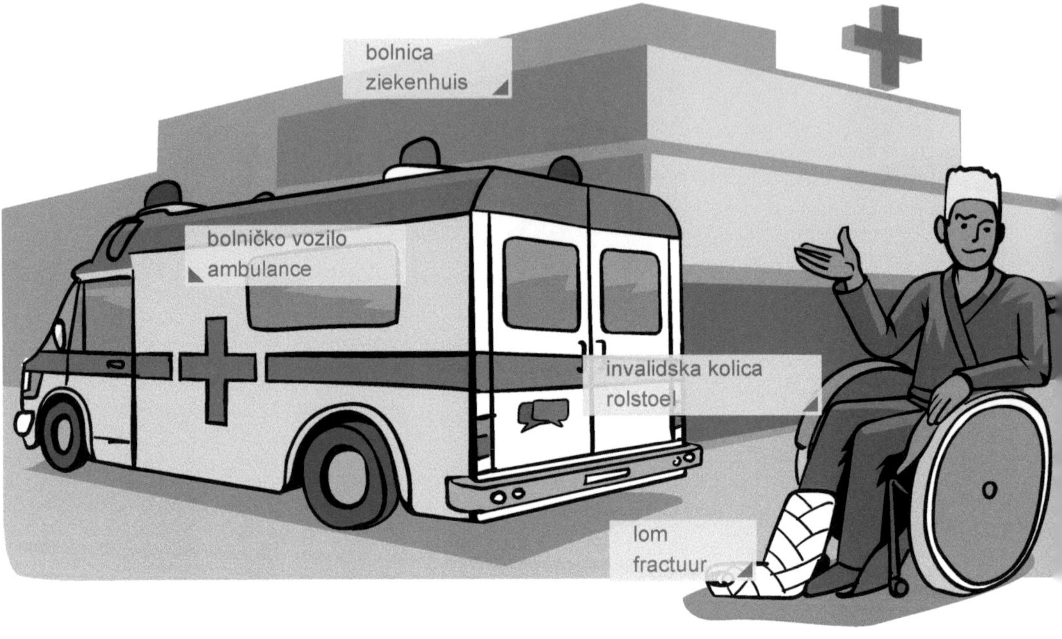

bolnica
ziekenhuis
bolničko vozilo
ambulance
invalidska kolica
rolstoel
lom
fractuur

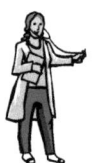

lekar

dokter

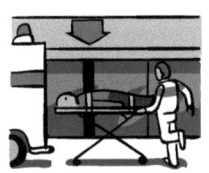

hitna medicinska služba

EHBO

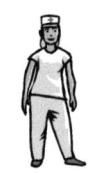

medicinska sestra

verpleegster

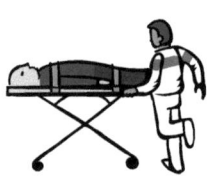

hitni slučaj

noodgeval

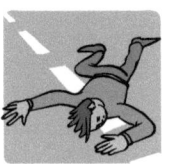

nesvest

bewusteloos

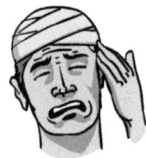

bol

pijn

povreda

verwonding

krvarenje

bloeding

srčani udar

hartaanval

udar

beroerte

alergija

allergie

kašalj

hoest

groznica

koorts

gripa

griep

proliv

diarree

glavobolja

hoofdpijn

rak

kanker

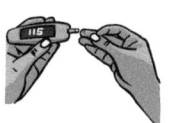

dijabetes

diabetes

hirurg

chirurg

skalpel

scalpel

operacija

operatie

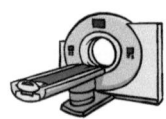

ct
CT

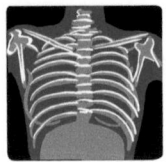

rentgen
röntgen

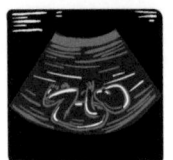

ultrazvuk
echografie

maska
gezichtsmasker

bolest
ziekte

čekaona
wachtkamer

štaka
kruk

flaster
pleister

zavoj
verband

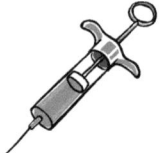

injekcija
injectie

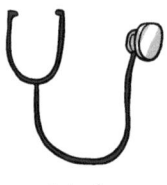

stetoskop
stethoscoop

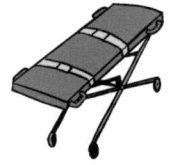

nosila
brancard

termometar
thermometer

rođenje
geboorte

prekomerna težina
overgewicht

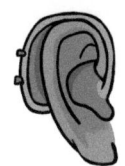

slušni aparat

gehoorapparaat

sredstvo za dezinfekciju

ontsmettingsmiddel

infekcija

infectie

virus

virus

HIV / AIDS

HIV / AIDS

medicina

medicijn

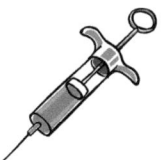

vakcinacija

inenting

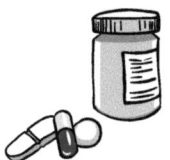

tablete

tabletten

pilula

pil

hitni poziv

alarmnummer

uređaj za merenje pritiska

bloeddrukmeter

bolesno / zdravo

ziek / gezond

pomoć!

Help!

alarm

alarm

nasrtaj

overval

napad

aanval

opasnost

gevaar

izlaz u slučaju nužde

nooduitgang

požar!

Brand!

protivpožarni aparat

brandblusser

nezgoda

ongeluk

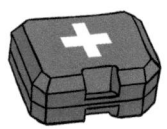

kutija prve pomoći

EHBO-koffer

sos

SOS

policija

politie

Evropa

Europa

Severna Amerika

Noord-Amerika

Južna Amerika

Zuid-Amerika

Afrika

Afrika

Azija

Azië

Australija

Australië

Atlantik

Atlantische Oceaan

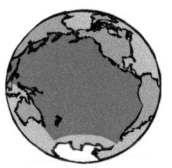

Pacifik

Stille Oceaan

Indijski okean

Indische Oceaan

Antarktički okean

Zuidelijke Oceaan

Arktički ocean

Noordelijke IJszee

Severni pol

Noordpool

Južni pol
Zuidpool

Antarktik
Antarctica

zemlja
aarde

zemlja
land

more
zee

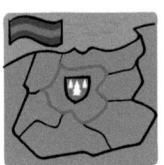

otok
eiland

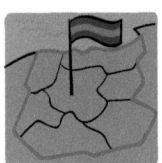

nacija
natie

država
staat

brojčanik sata

wijzerplaat

satna kazaljka

uurwijzer

minutna kazaljka

minutenwijzer

sekundna kazaljka

secondewijzer

Koliko je sati?

Hoe laat is het?

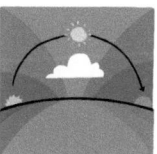

dan

dag

vreme

tijd

sada

nu

digitalni sat

digitaal horloge

minuta

minuut

čas

uur

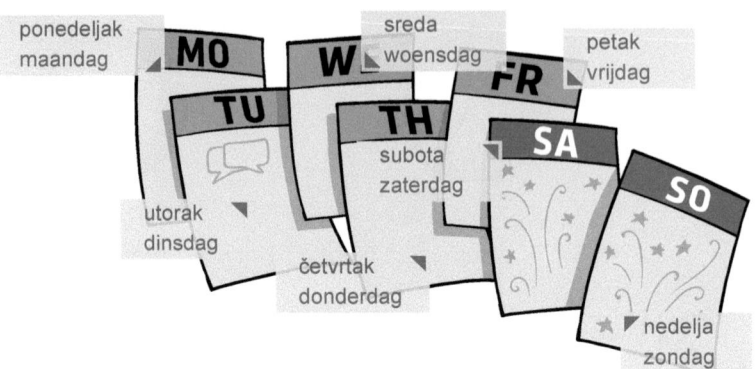

ponedeljak
maandag

sreda
woensdag

petak
vrijdag

utorak
dinsdag

subota
zaterdag

četvrtak
donderdag

nedelja
zondag

juče

gisteren

danas

vandaag

sutra

morgen

jutro

ochtend

podne

middag

veče

avond

radni dani

werkdagen

vikend

weekend

godina

jaar

kiša
regen
duga
regenboog
vetar
wind
sneg
sneeuw
proleće
voorjaar
leto
zomer
jesen
herfst
zima
winter

4.APRIL 11°
5.APRIL 4°
6.APRIL 13°
7.APRIL 8°
8.APRIL 10°

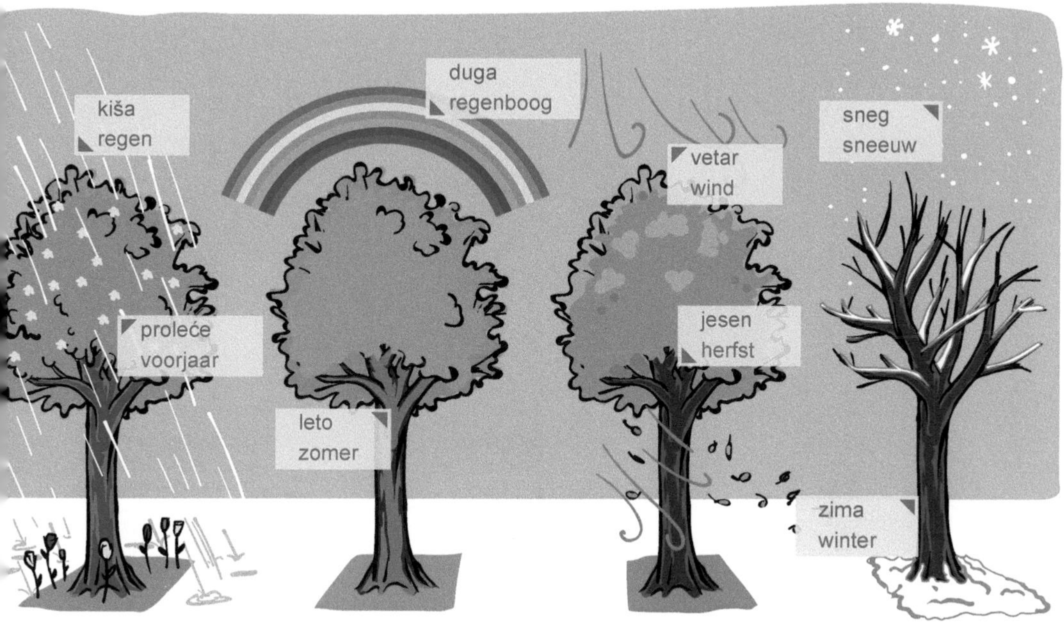

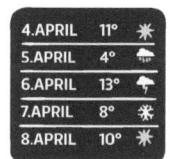

meteorološka prognoza

weerbericht

F C
120 40
90 30
60 20
30 10
0 0
-30 -10
-20

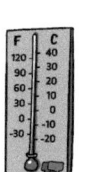

termometar

thermometer

sunčana svetlost

zonneschijn

oblak

wolk

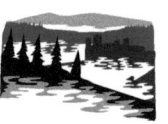

magla

mist

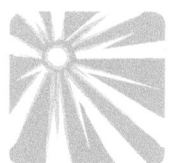

vlažnost vazduha

luchtvochtigheid

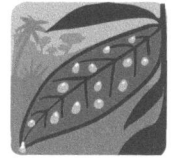

munja

bliksem

grmljavina

donder

oluja

storm

tuča

hagel

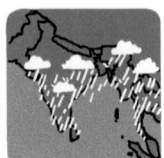

monsun

moesson

poplava

overstroming

led

ijs

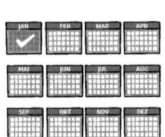

januar

januari

februar

februari

mart

maart

april

april

maj

mei

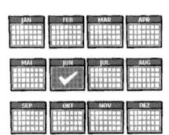

juni

juni

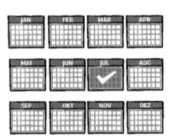

juli

juli

avgust

augustus

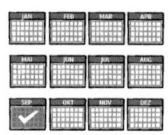

septembar
september

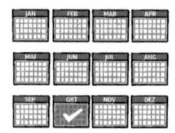

oktobar
oktober

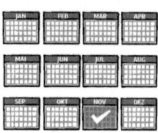

novembar
november

decembar
december

oblici

vormen

krug
cirkel

kvadrat
vierkant

pravougao
rechthoek

trougao
driehoek

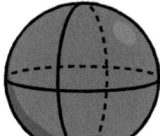

kugla
bol

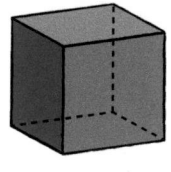

kocka
kubus

bela
....
wit

žuta
....
geel

narandžasta
....
oranje

ružičasta
....
roze

crvena
....
rood

ljubičasta
....
paars

plava
....
blauw

zelena
....
groen

smeđa
....
bruin

siva
....
grijs

crna
....
zwart

mnogo / malo

veel / weinig

ljutito / mirno

boos / rustig

lepo / ružno

mooi / lelijk

početak / kraj

begin / einde

veliko / maleno

groot / klein

svetlo / tamno

licht / donker

brat / sestra

broer / zus

čisto / prljavo

schoon / vies

potpuno / nepotpuno

volledig / onvolledig

dan / noć

dag/ nacht

mrtvo / živo

dood / levend

široko / usko

breed / smal

jestivo / nejestivo

eetbaar / oneetbaar

zlo / dobro

gemeen / aardig

uzbuđeno / dosadno

opgewonden / verveeld

debelo / mršavo

dik / dun

na početku / na kraju

eerste / laatste

prijatelj / neprijatelj

vriend / vijand

puno / prazno

vol / leeg

tvrdo / mekano

hard / zacht

teško / lagano

zwaar / licht

glad / žeđ

honger / dorst

bolesno / zdravo

ziek / gezond

ilegalno / legalno

illegaal / legaal

pametno / glupo

intelligent / dom

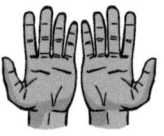

levo / desno

links / rechts

blizu / daleko

dichtbij / ver

novo / polovno

nieuw / gebruikt

ništa / nešto

niets / iets

staro / mlado

oud / jong

uključeno / isključeno

aan / uit

otvoreno / zatvoreno

open / gesloten

tiho / glasno

zacht / luid

bogato / siromašno

rijk / arm

tačno / pogrešno

goed / fout

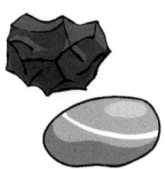

hrapavo / glatko

ruw / glad

tužno / sretno

verdrietig / gelukkig

kratko / dugo

kort / lang

polako / brzo

langzaam / snel

mokro / suho

nat / droog

toplo / hladno

warm / koel

rat / mir

oorlog / vrede

suprotnosti - tegenstellingen

0	**1**	**2**
nula	jedan	dva
nul	één	twee

3	**4**	**5**
tri	četiri	pet
drie	vier	vijf

6	**7**	**8**
šest	sedam	osam
zes	zeven	acht

9	**10**	**11**
devet	deset	jedanaest
negen	tien	elf

12

dvanaest

twaalf

13

trinaest

dertien

14

četrnaest

veertien

15

petnaest

vijftien

16

šestnaest

zestien

17

sedamnaest

zeventien

18

osamnaest

achttien

19

devetnaest

negentien

20

dvadeset

twintig

100

stotinu

honderd

1.000

hiljadu

duizend

1.000.000

milion

miljoen

engleski

Engels

američki engleski

Amerikaans Engels

mandarinski kineski

Chinees Mandarijn

hindski

Hindi

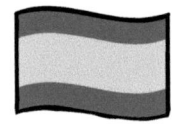

španski

Spaans

francuski

Frans

arapski

Arabisch

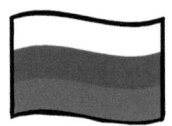

ruski

Russisch

portugalski

Portugees

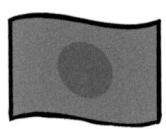

bengalski

Bengalees

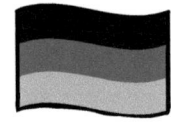

nemački

Duits

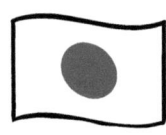

japanski

Japans

ja
----
ik

ti
----
jij

on / ona / ono
----
hij / zij / het

mi
----
wij

vi
----
jullie

oni
----
zij

Ko?
----
wie?

Šta?
----
wat?

Kako?
----
hoe?

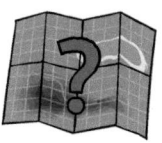

Gde?
----
waar?

Kada?
----
wanneer?

ime
----
naam

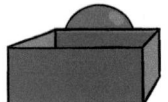

iza

achter

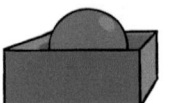

u

in

ispred

voor

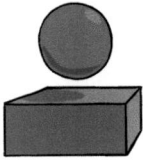

preko

boven

na

op

ispod

onder

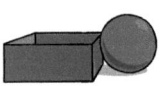

pored

naast

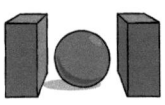

između

tussen

mesto

plaats